Impressum
Verlag: BABADADA GmbH, Nedderfeld 112 , 22529 Hamburg
Geschäftsführer / Verlagsleitung: Harald Hof
Druck: Books on Demand GmbH, In de Tarpen 42, 22848 Norderstedt

Imprint
Publisher: BABADADA GmbH, Nedderfeld 112 , 22529 Hamburg, Germany
Managing Director / Publishing direction: Harald Hof
Print: Books on Demand GmbH, In de Tarpen 42, 22848 Norderstedt, Germany

школа

xue xiao

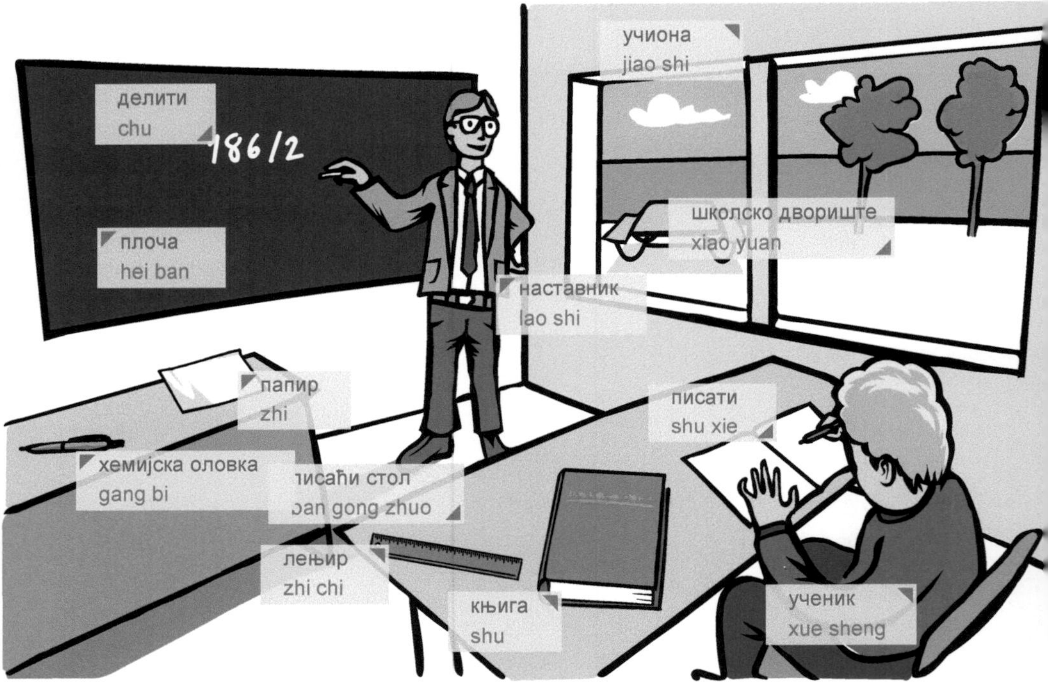

учиона
jiao shi
делити
chu
186/2
плоча
hei ban
школско двориште
xiao yuan
наставник
lao shi
папир
zhi
писати
shu xie
хемијска оловка
gang bi
исаћи стол
an gong zhuo
лењир
zhi chi
књига
shu
ученик
xue sheng

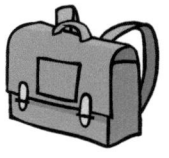

торба

shu bao

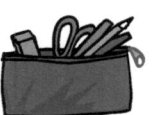

перница

qian bi he

графитна оловка

qian bi

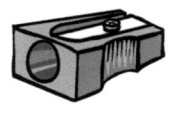

шиљило за оловке

juan bi dao

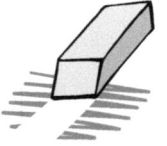

гумица за брисање

xiang pi ca

блок за цртање

hua ban

цртеж

tu hua

кист

hua bi

кутија са бојама

yan liao he

маказе

jian dao

лепило

jiao shui

бележница

lian xi ce

домаћи задатак

jia ting zuo ye

12

број

shu zi

2+2

сабирати

jia

5-2

одузимати

jian

2×2

множити

cheng

рачунати

ji suan

A

слово

zi mu

ABCDEFG HIJKLMN OPQRSTU VWXYZ

абецеда

zi mu biao

hello

реч

zi

текст
....
ke wen

читати
....
du

креда
....
fen bi

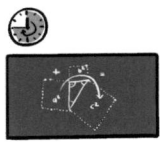

час
....
shang ke

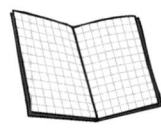

дневник
....
deng ji

испит
....
kao shi

сведочанство
....
zheng shu

школска униформа
....
xiao fu

образовање
....
jiao yu

лексикон
....
bai ke quan shu

универзитет
....
da xue

микроскоп
....
xian wei jing

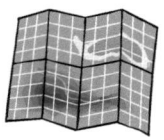

карта
....
di tu

кошара за папир
....
fei zhi kuang

путовање
lü xing

хотел
jiu dian
Grand
преноћиште
qing nian lü xing she
мењачница
wai bi dui huan chu
кофер
shou ti xiang
ауто
qi che

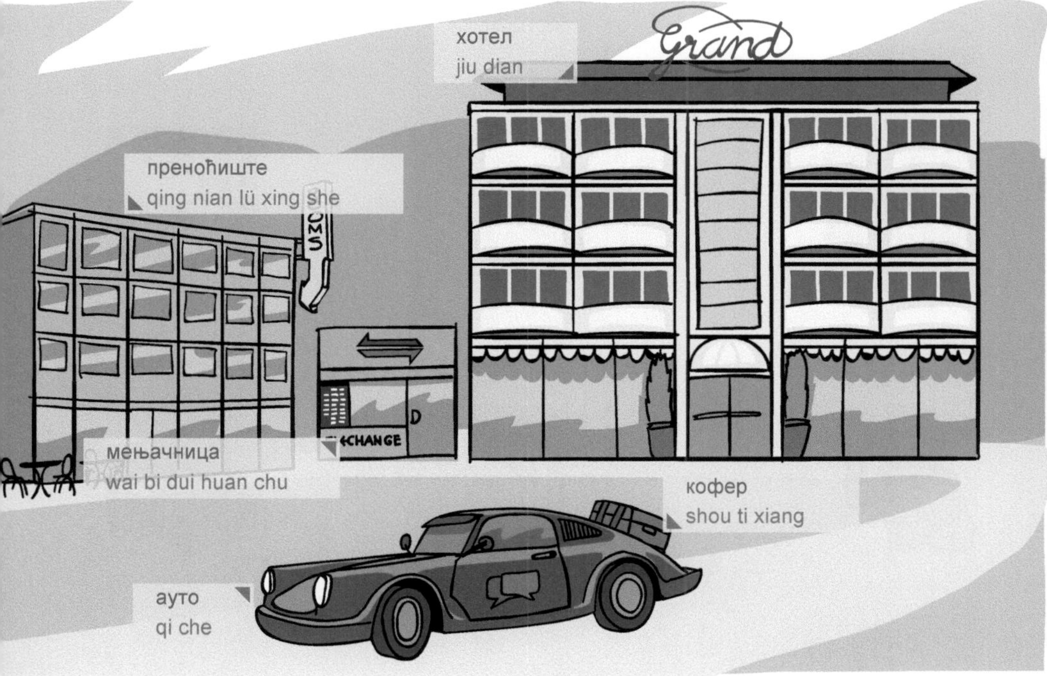

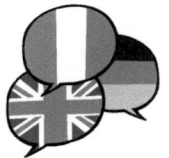

језик

yu yan

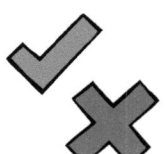

да / не

shi/fou

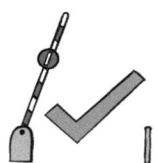

океј

hao de

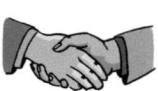

здраво

nin hao

преводилац

fan yi yuan

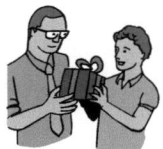

хвала

xie xie

Колико кошта...?

......duo shao qian?

не разумем

wo bu ming bai

проблем

wen ti

добро вече!

wan shang hao!

Добро јутро!

zao shang hao!

Лаку ноћ!

wan an!

довиђења

zai jian

смер

fang xiang

пртљага

xing li

торба

bao

руксак

shuang jian bao

гост

ke ren

соба

fang jian

врећа за спавање

shui dai

шатор

zhang peng

туристичке информације

lü you xin xi

плажа

hai tan

кредитна картица

xin yong ka

доручак

zao can

ручак

wu can

вечера

wan can

карта за вожњу

piao

лифт

dian ti

поштанска маркица

you piao

граница

bian jie

царина

hai guan

амбасада

da shi guan

виза

qian zheng

пасош

hu zhao

транспорт

jiao tong yun shu

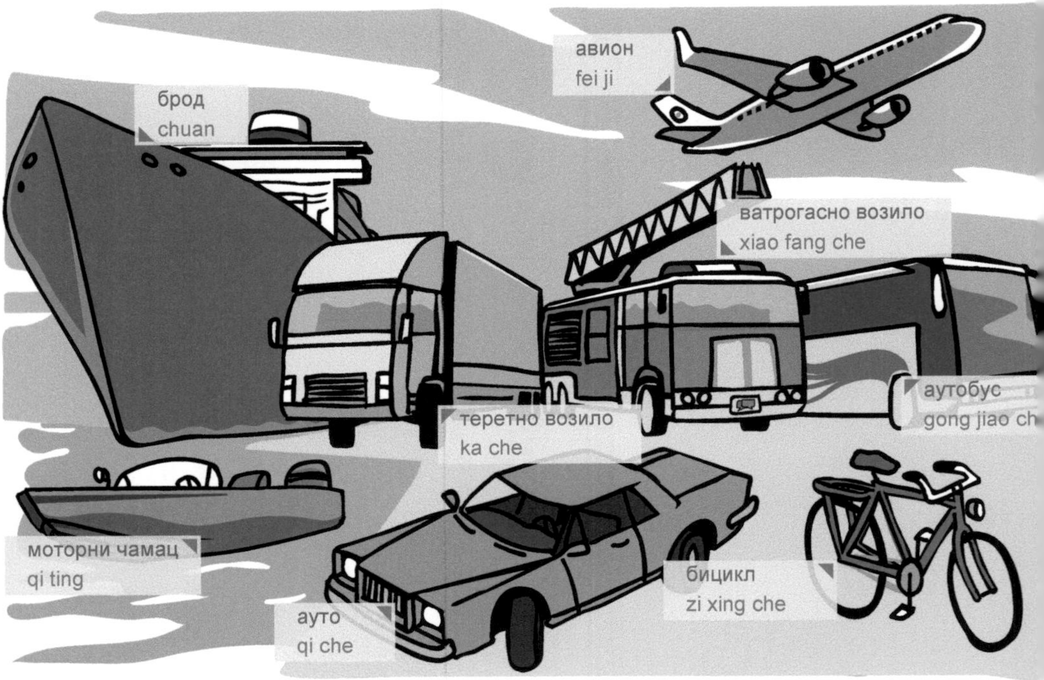

авион
fei ji
брод
chuan
ватрогасно возило
xiao fang che
аутобус
gong jiao ch
теретно возило
ka che
моторни чамац
qi ting
бицикл
zi xing che
ауто
qi che

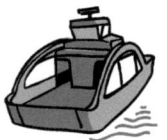

трајект

bai du chuan

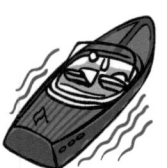

чамац

xiao chuan

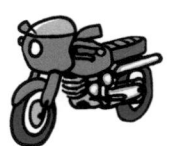

мотоцикл

mo tuo che

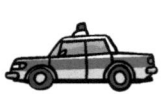

полицијски ауто

jing che

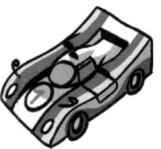

тркаћи ауто

sai che

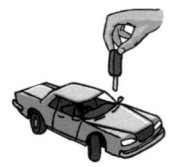

изнајмљено ауто

zu che

делење аутомобила

pin che

вучно возило

tuo che

возило за одвоз смећа

la ji che

мотор

fa dong ji

бензин

qi you

бензинска станица

jia you zhan

саобраћајни знак

jiao tong biao zhi

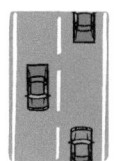

саобраћај

jiao tong

застој

jiao tong du sai

паркиралиште

ting che chang

железничка станица

huo che zhan

шине

gui dao

воз

huo che

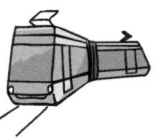

трамвај

dian che

вагон

huo che

хеликоптер

zhi sheng ji

аеродром

ji chang

кула

ta

путник

cheng ke

контејнер

ji zhuang xiang

картон

zhi ban xiang

колица

shou tui che

корпа

lan zi

узлетети / слетети

qi fei/jiang luo

град

cheng shi

село

cun zhuang

центар града

shi zhong xin

кућа

fang zi

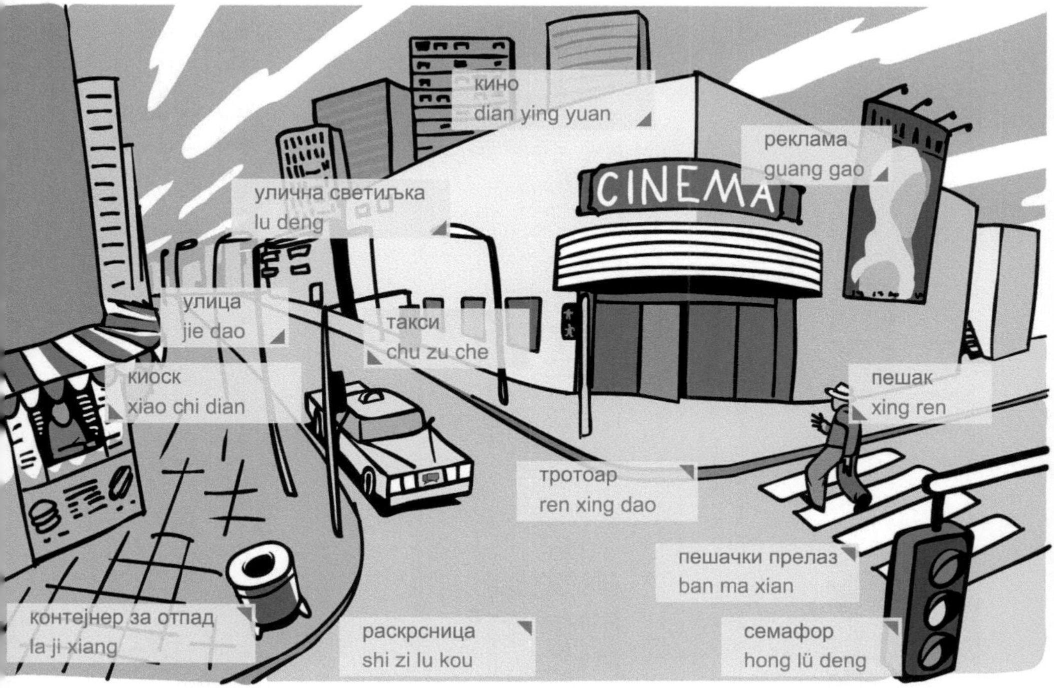

кино
dian ying yuan

реклама
guang gao

улична светиљка
lu deng

CINEMA

улица
jie dao

такси
chu zu che

пешак
xing ren

киоск
xiao chi dian

тротоар
ren xing dao

пешачки прелаз
ban ma xian

контејнер за отпад
la ji xiang

раскрсница
shi zi lu kou

семафор
hong lü deng

колиба

xiao wu

стан

gong yu

железничка станица

huo che zhan

већница

shi zheng ting

музеј

bo wu guan

школа

xue xiao

универзитет

da xue

банка

yin hang

болница

yi yuan

хотел

jiu dian

апотека

yao fang

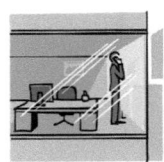

канцеларија

ban gong shi

књижара

shu dian

продавница

shang dian

цвећара

hua dian

супермаркет

chao shi

трг

shi chang

робна кућа

bai huo shang dian

рибарница

yu dian

трговачки центар

gou wu zhong xin

лука

hai gang

парк

gong yuan

клупа

chang deng

мост

qiao

степенице

lou ti

подземна железница

di tie

тунел

sui dao

аутобуска станица

gong jiao che zhan

бар

jiu ba

ресторан

can guan

поштанско сандуче

you tong

улични знак

lu biao

паркирни аутомат

ting che ji shi qi

зоолошки врт

dong wu yuan

базен

you yong guan

џамија

qing zhen si

сеоско газдинство

nong chang

загађење околине

wu ran

гробље

mu di

црква

jiao tang

игралиште

cao chang

храм

si miao

пејсаж

di xing

лист
shu ye

путоказ
zhi shi pai

пут
lu

ливада
cao di

камен
shi tou

шетач
tu bu lü xing zhe

дрво
shu

река
he

трава
cao

цвет
hua

долина

xia gu

планина

shan

језеро

hu

шума

sen lin

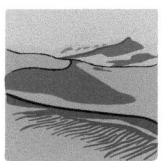

пустиња

sha mo

вулкан

huo shan

дворац

cheng bao

дуга

cai hong

гљива

mo gu

палма

zong lü shu

москито

wen zi

мува

cang ying

мрав

ma yi

пчела

mi feng

паук

zhi zhu

буба

jia chong

жаба

qing wa

веверица

song shu

јеж

ci wei

зец

ye tu

сова

mao tou ying

птица

niao

лабуд

tian e

дивља свиња

ye zhu

јелен

lu

лос

mi lu

насип

shui ba

ветрењача

feng li fa dian ji

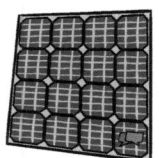

соларна плоча

tai yang neng dian chi ban

клима

qi hou

ресторан

can guan

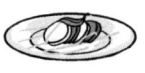

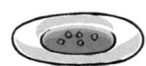

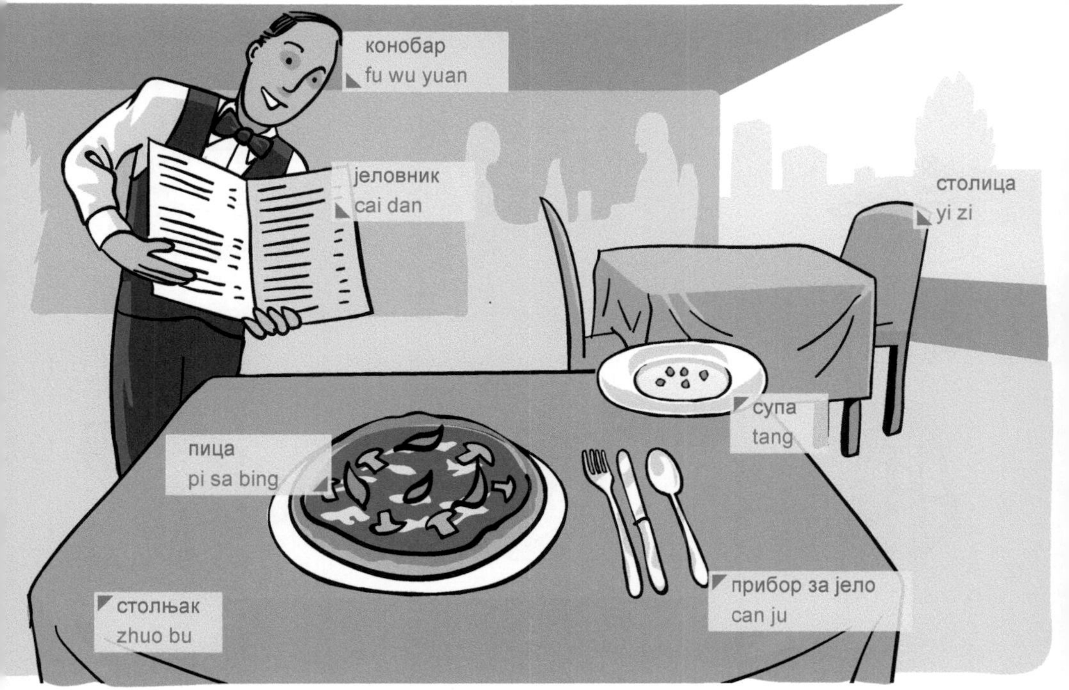
конобар
fu wu yuan
јеловник
cai dan
столица
yi zi
супа
tang
пица
pi sa bing
прибор за јело
can ju
стољњак
zhuo bu

предјело

qian cai

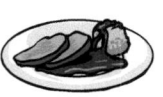

главно јело

zhu cai

десерт

tian dian

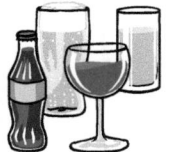

напитци

yin liao

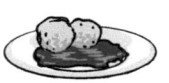

јело

shi wu

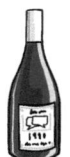

флаша

ping zi

брза храна

kuai can

имбис храна

jie bian xiao chi

чајник

cha hu

доза за шећер

tang he

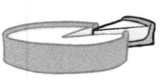

порција

yi fen fan cai

апарат за еспресо

yi shi ka fei ji

висока столица

gao jiao yi

рачун

zhang dan

послужавник

tuo pan

нож

dao

виљушка

can cha

кашика

shao zi

чајна кашика

cha chi

салвета

can jin

чаша

bo li bei

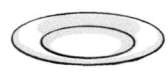

тањир

die zi

тањир за супу

tang pan

тањирић

die zi

сос

jiang

сољенка

yan ping

млин за бибер

hu jiao mo

сирће

cu

уље

shi yong you

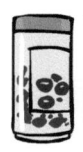

зачини

tiao wei liao

кечап

fan qie jiang

сенф

jie mo

мајонеза

dan huang jiang

супермаркет

chao shi

понуда
te jia
FOR
купац
gu ke
млечни производи
ru zhi pin
воће
shui guo
колица за куповину
gou wu che

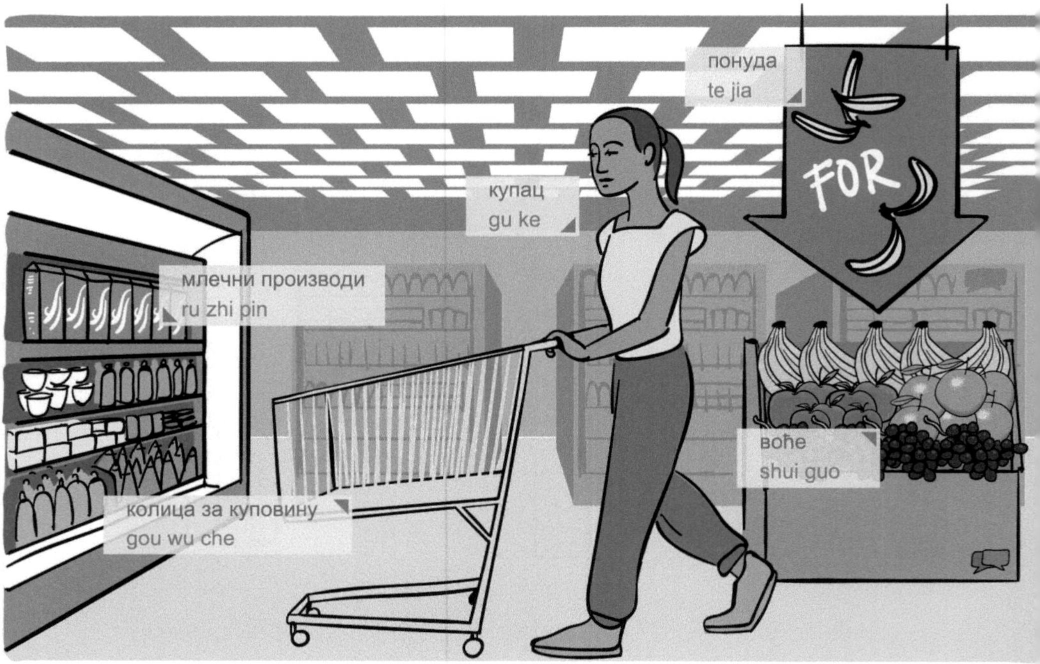

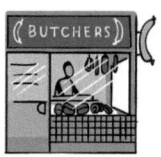

BUTCHERS

месница

rou pu

BAKERY

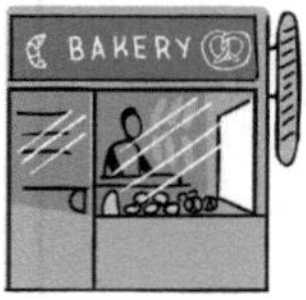

пекара

mian bao fang

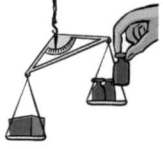

вагати

cheng zhong

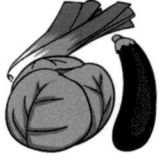

поврће

shu cai

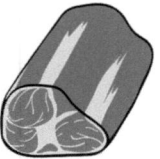

месо

rou

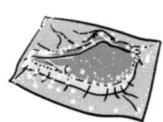

смрзнута храна

leng dong shi pin

нарезак

leng pan

конзерве

guan tou shi pin

средство за прање

xi yi fen

слаткиши

tian shi

артикли за домаћинство

ri yong pin

средства за чишћење

qing jie yong pin

продавачица

xiao shou yuan

благајна

shou yin ji

благајник

shou yin yuan

листа за куповину

gou wu qing dan

време рада

kai fang shi jian

новчаник

qian bao

кредитна картица

xin yong ka

торба

dai zi

пластична кеса

su liao dai

вода

shui

сок

guo zhi

млеко

niu nai

кола

ke le

вино

hong jiu

пиво

pi jiu

алкохол

jiu

какао

ke ke

чај

cha

кава

ka fei

еспресо

yi shi nong suo ka fei

капућино

ka bu qi nuo

банана

xiang jiao

јабука

ping guo

наранџа

cheng zi

лубеница

xi gua

лимун

ning meng

шаргарепа

hu luo bo

бели лук

da suan

бамбус

zhu zi

лук

yang cong

гљива

mo gu

орашасти плодови

jian guo

резанци

mian tiao

шпагете

yi da li mian tiao

рижа

mi fan

салата

sha la

помфрит

shu tiao

печени крумпир

zha tu dou

пица

pi sa bing

хамбургер

han bao bao

сендвич

san ming zhi

шницла

zha zhu pai

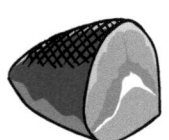

шунка

huo tui

салама

sa la mi

кобасица

xiang chang

кокош

ji rou

печење

kao rou

риба

yu

зобене пахуљице

yan mai pian

мусли

mu zi li

кукурузне пахуљице

yu mi pian

брашно

mian fen

кроасан

yang jiao mian bao

пециво

mian bao juan

хлеб

mian bao

тоаст

kao mian bao

кекси

bing gan

маслац

huang you

свежи сир

ning ru

колач

dan gao

jaje

dan

jaje на око

jian dan

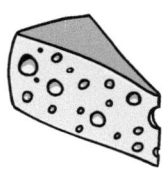

сир

nai lao

сладолед

bing ji lin

шећер

tang

мед

feng mi

мармелада

guo jiang

нугат крема

qiao ke li jiang

кари

ga li fan

јело - shi wu

сеоско газдинство
nong chang

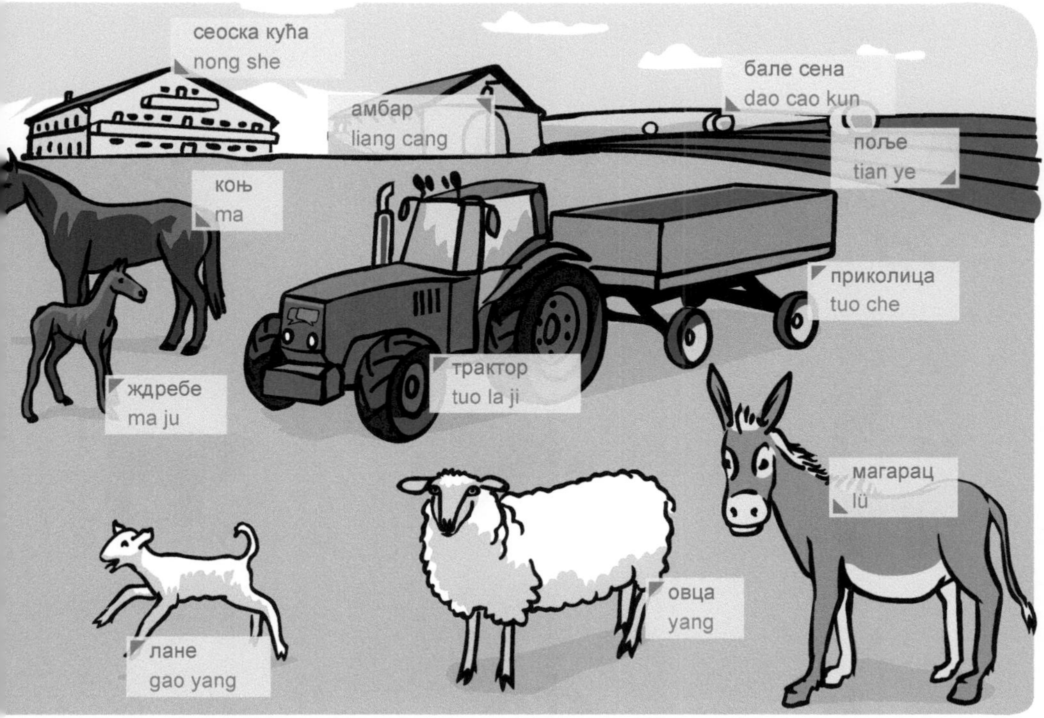

сеоска кућа
nong she
амбар
liang cang
бале сена
dao cao kun
поље
tian ye
коњ
ma
приколица
tuo che
ждребе
ma ju
трактор
tuo la ji
магарац
lü
овца
yang
лане
gao yang

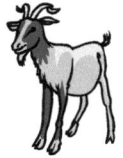

коза

shan yang

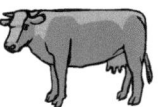

крава

nai niu

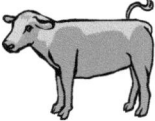

теле

niu du

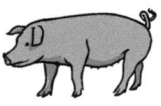

свиња

zhu

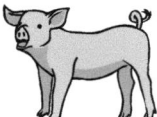

прасе

xiao zhu

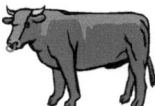

бик

gong niu

гуска

e

патка

ya

пилићи

xiao ji

кокош

mu ji

петао

gong ji

пацов

shu

мачка

mao

миш

lao shu

вол

niu

пас

gou

кућица за пса

gou wu

вртно црево

hua yuan jiao shui ruan guan

канта за поливање

sa shui hu

коса

chang bing da lian dao

плуг

li

срп

lian dao

мотика

chu tou

виљушка за ђубриво

chang bing cao pa

секира

fu tou

тачке

du lun shou tui che

корито

si liao cao

посуда за млеко

niu nai guan

врећа

ma bu dai

ограда

zha lan

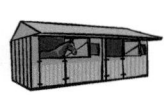

штала

ma jiu

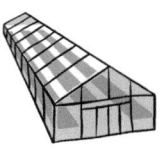

стакленик

wen shi

земља

tu rang

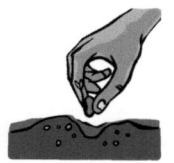

семе

zhong zi

ђубриво

fei liao

комбајн

lian he shou ge ji

жети

shou ge

жетва

shou ge

јамс зачин

shan yao

пшеница

xiao mai

соја

da dou

кромпир

tu dou

кукуруз

yu mi

уљана репица

you cai zi

воћка

guo shu

гомољ маниоке

shu shu

житарице

gu wu

кућа

fang zi

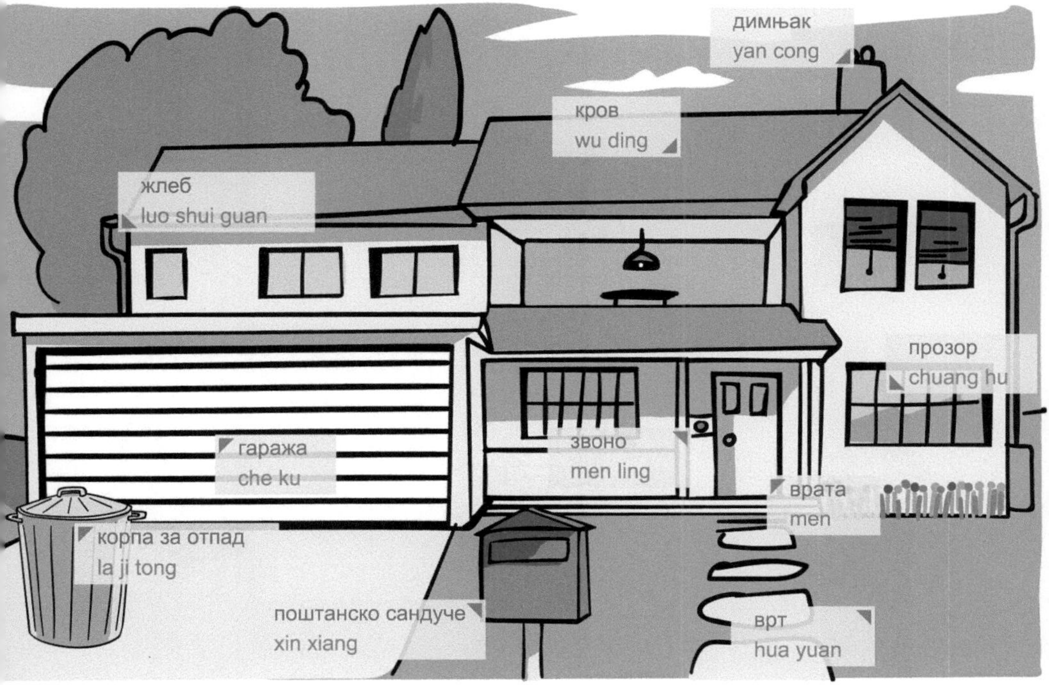

димњак
yan cong
кров
wu ding
жлеб
luo shui guan
прозор
chuang hu
гаража
che ku
звоно
men ling
врата
men
корпа за отпад
la ji tong
поштанско сандуче
xin xiang
врт
hua yuan

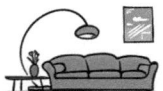

дневна соба

ke ting

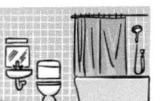

купаоница

yu shi

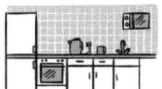

кухиња

chu fang

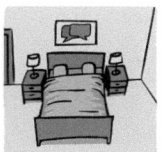

спаваћа соба

wo shi

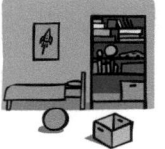

дечија соба

er tong fang

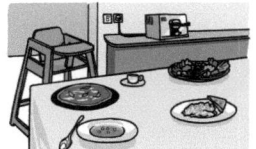

трпезарија

can ting

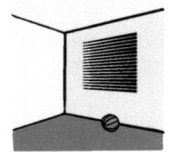

под
di ban

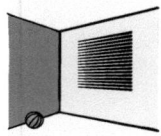

зид
qiang bi

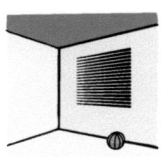

строп
diao ding

подрум
di jiao

сауна
sang na

балкон
yang tai

тераса
lu tai

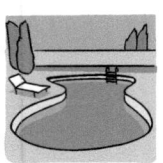

базен
you yong chi

косилица за траву
ge cao ji

постељина за кревет
bei dan

дека за кревет
chuang zhao

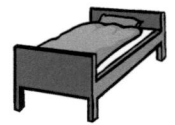

кревет
chuang

метла
sao zhou

канта
shui tong

прекидач
kai guan

кућа - fang zi

дневна соба

ke ting

тапета
bi zhi
слика
zhao pian
светиљка
tai deng
регал
ge jia
ормар
chu gui
телевизија
dian shi ji
камин
bi lu
цвет
hua
јастук
dian zi
кауч
sha fa
ваза
hua ping
даљински управљач
yao kong qi

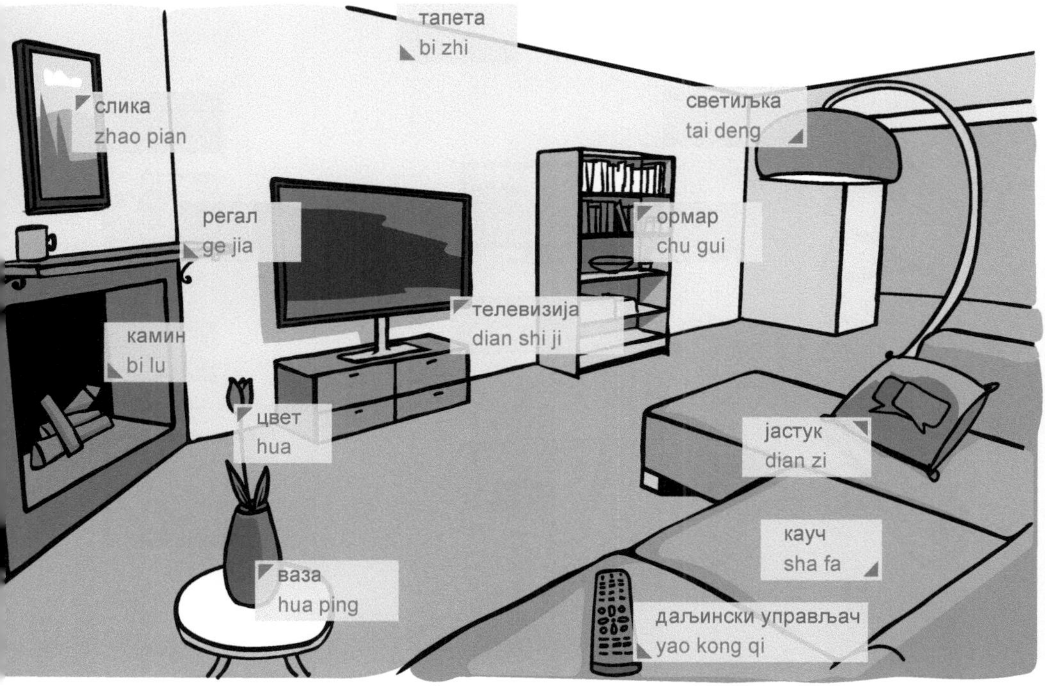

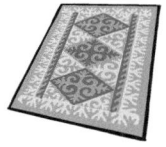

тепих

di tan

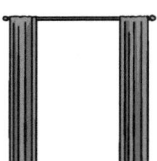

завеса

chuang lian

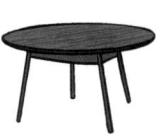

сто

can zhuo

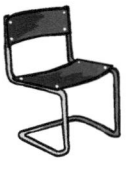

столица

yi zi

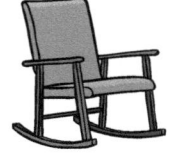

столица за њихање

yao yi

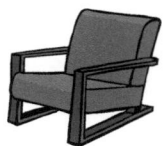

фотеља

fu shou yi

књига

shu

дека

tan zi

декорација

zhuang shi pin

дрво за огрев

mu chai

филм

dian ying

хи-фи уређај

gao bao zhen yin xiang

кључ

yao shi

новине

bao zhi

слика на платну

you hua

постер

hai bao

радио

shou yin ji

блок за писање

bi ji ben

усисивач

xi chen qi

кактус

xian ren zhang

свећа

la zhu

кухиња
chu fang

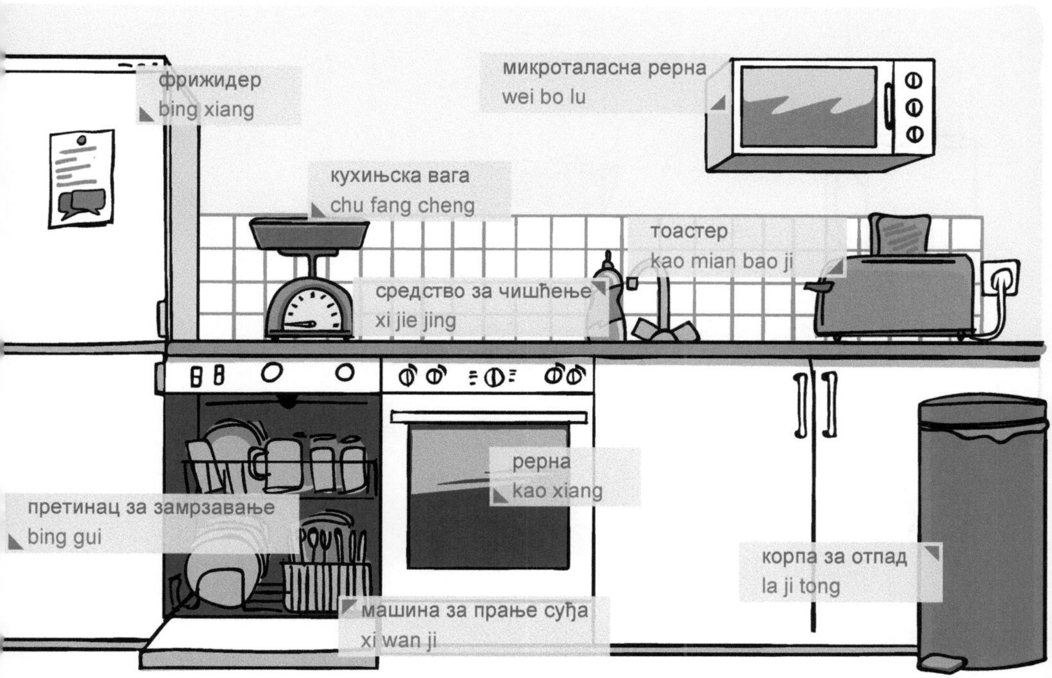
фрижидер
bing xiang
микроталасна рерна
wei bo lu
кухињска вага
chu fang cheng
тоастер
kao mian bao ji
средство за чишћење
xi jie jing
рерна
kao xiang
претинац за замрзавање
bing gui
корпа за отпад
la ji tong
машина за прање суђа
xi wan ji

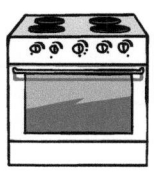

шпорет

chui ju

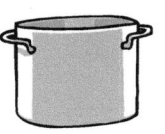

лонац

guo

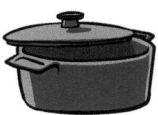

гвоздени лонац

zhu tie guo

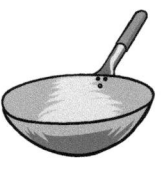

вок / кадаи

sha guo

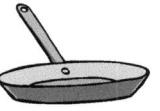

тава

ping di guo

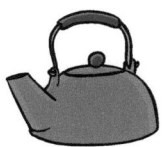

кувало за воду

shui hu

кувало на пару

zheng guo

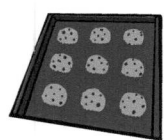

лим за печење

kao pan

посуђе

tao ci guo

чаша

ma ke bei

посуда

wan

штапићи за јело

kuai zi

кутлача

chang bing shao

лопатица

chan zi

пењача

jiao ban qi

сито за кување

lü wang

сито

shai zi

рибеж

mo sui ji

мужар

yan bo

роштиљ

shao kao

огњиште

ming huo

даска

cai ban

оклагија

gan mian zhang

вадичеп

kai ping qi

конзерва

guan zi

отварач конзерви

kai ping qi

крпа за лонац

ge re shou tao

судопер

shui cao

четка

shua zi

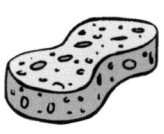

сунђер

hai mian

миксер

jiao ban ji

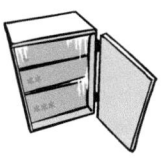

замрзивач

leng cang xiang

флашица за бебе

nai ping

славина за воду

shui long tou

купаоница

yu shi

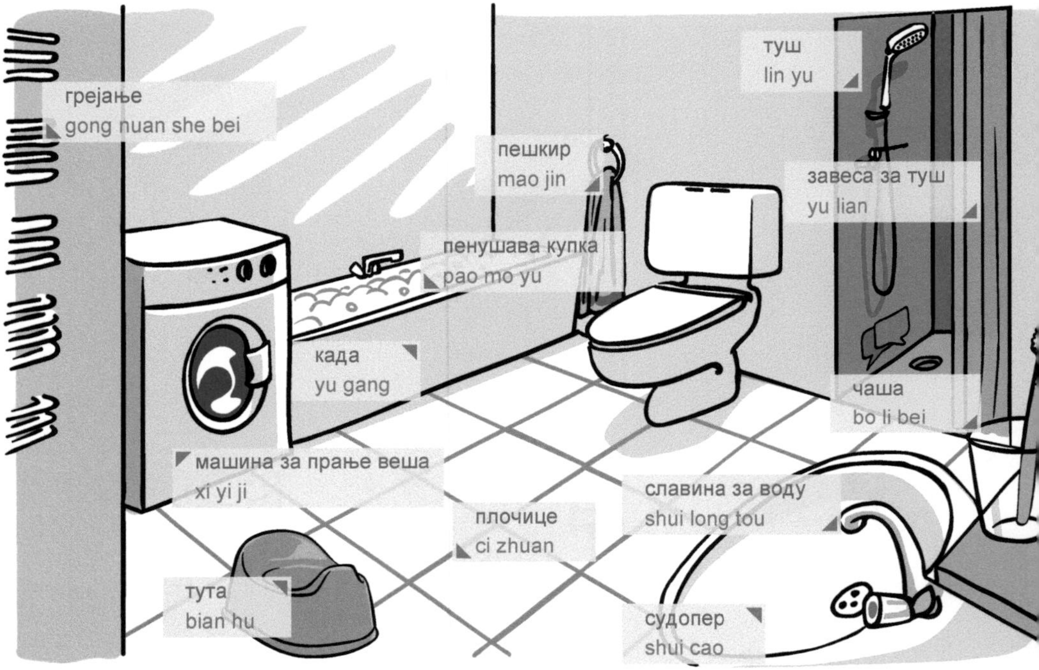

грејање
gong nuan she bei
туш
lin yu
пешкир
mao jin
завеса за туш
yu lian
пенушава купка
pao mo yu
када
yu gang
чаша
bo li bei
машина за прање веша
xi yi ji
славина за воду
shui long tou
плочице
ci zhuan
тута
bian hu
судопер
shui cao

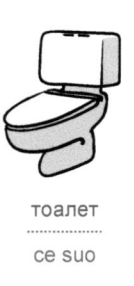

тоалет

ce suo

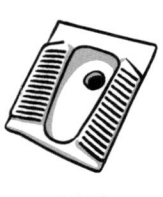

чучавац

dun bian qi

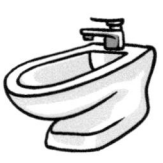

бидет

zuo yu qi

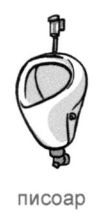

писоар

xiao bian chi

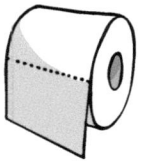

тоалетни папир

ce zhi

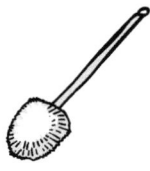

четка за тоалет

ma tong shua

четкица за зубе

ya shua

паста за зубе

ya gao

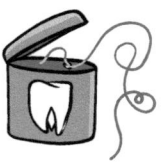

конац за зубе

ya xian

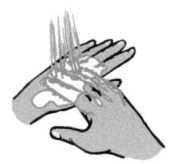

прати

xi

туш ручица

shou chi shi pen lin tou

туш за прање интимних делова

chong xi qi

лавор

xi lian pen

четка за прање леђа

ca bei shua

сапун

fei zao

гел за туширање

mu yu lu

шампон

xi fa shui

крпа за прање

fa lan rong

одвод

pai shui

крема

ru shuang

дезодоранс

chu chou ji

огледало

jing zi

козметичко огледало

shou jing

бријач

ti xu dao

пена за бријање

ti xu pao mo

лосион за после бријања

xu hou shui

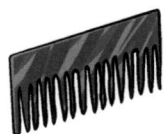

чешаљ

shu zi

четка

shua zi

фен за косу

chui feng ji

спреј за косу

pen fa ding xing ji

шминка

hua zhuang pin

руж за усне

chun gao

лак за нокте

zhi jia you

вата

hua zhuang mian

маказе за нокте

zhi jia jian

парфем

xiang shui

козметичка торбица

xi shu bao

столица

deng zi

вага

ji zhong cheng

огртач

yu pao

рукавице за чишћење

xiang jiao shou tao

тампон

wei sheng mian tiao

уложак

wei sheng jin

хемијски тоалет

hua xue ce suo

дечија соба

er tong fang

будилник
nao zhong
плишана играчка
mao rong wan ju
ауто играчка
wan ju che
звечка
bo lang gu
кућица за лутке
wan ju wu
поклон
li wu

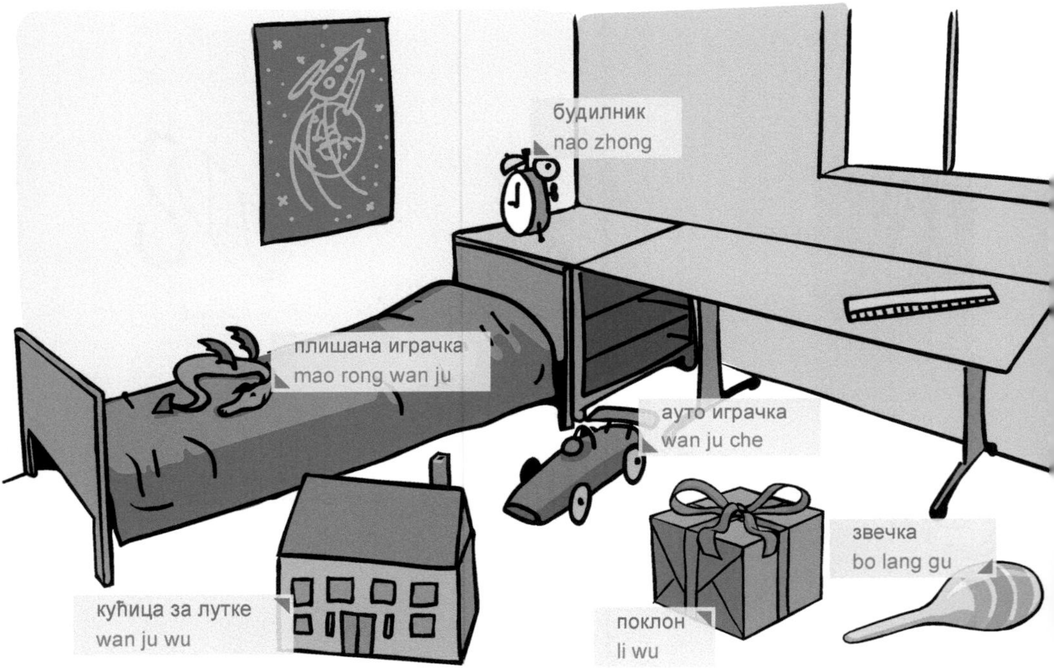

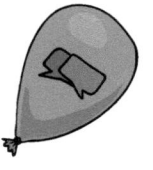

балон

qi qiu

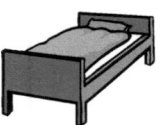

кревет

chuang

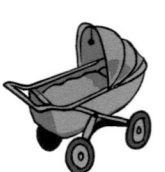

дјечија колица

(yang wa wa yong)ying er che

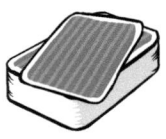

игра са картама

pu ke pai

слагалица

pin tu

SUPER MEGA

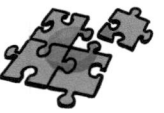

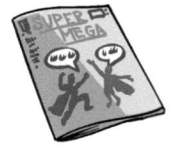

стрип

man hua

лего коцкице

le gao ji mu

коцкице за слагање

ji mu wan ju

акциони јунак

wan ju ren

бенкица за бебе

ying er fu

фризби

fei pan

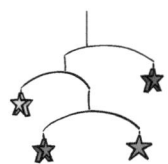

висеће играчке

chuang ling wan ju

друштвене игре

qi pan you xi

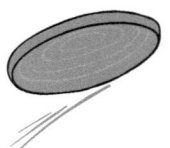

коцка

shai zi

минијатурна жељезница

huo che mo xing

дуда

an fu nai zui

забава

ju hui

сликовница

hui ben

лопта

qiu

лутка

yang wa wa

играти

wan

пешчаник

sha keng

љуљачка

qiu qian

играчка

wan ju

конзола за игре

you xi ji

трицикл

san lun che

теди

tai di xiong

ормар

yi chu

одећа

yi fu

кратке чарапе

wa zi

чарапе

chang wa

хулахопке

jin shen ku

шал
wei jin

кишобран
yu san

мајица
T xu

каиш
pi dai

чизме
xue zi

папуче
tuo xie

патике
yun dong xie

сандале
....
liang xie

ципеле
....
xie

гумене чизме
....
yu xue

гаћице
....
nei ku

грудњак
....
xiong zhao

поткошуља
....
bei xin

боди
shen ti

панталоне
ku zi

фармерке
niu zai ku

сукња
duan qun

блуза
nü shi chen shan

кошуља
chen shan

џемпер
tao tou shan

џемпер с капуљачом
wei yi

сако
xi zhuang jia ke

јакна
jia ke

мантил
wai tao

кабаница
yu yi

костим
tao zhuang

хаљина
lian yi qun

венчаница
hun sha

одело

xi zhuang

спаваћица

shui pao

пиџама

shui yi

сари

sha li

марама за главу

tou jin

турбан

bao tou jin

бурка

bo ka

кафтан

ka fu tan

абаја

(a la bo shi)chang pao

купаћи костим

yong yi

купаће гаћице

nan shi yong ku

кратке панталоне

duan ku

одећа за тренинг

yun dong fu

кецеља

wei qun

рукавице

shou tao

дугме
·············
niu kou

наочаре
·············
yan jing

наруквица
·············
shou lian

огрлица
·············
xiang lian

прстен
·············
jie zhi

наушница
·············
er huan

капа
·············
bian mao

вешалица
·············
yi jia

шешир
·············
mao zi

кравата
·············
ling dai

патент затварач
·············
la lian

кацига
·············
tou kui

нараменице
·············
bei dai

школска униформа
·············
xiao fu

униформа
·············
zhi fu

подбрадак

wei dou

дуда

an fu nai zui

пелена

niao bu shi

канцеларија
ban gong shi

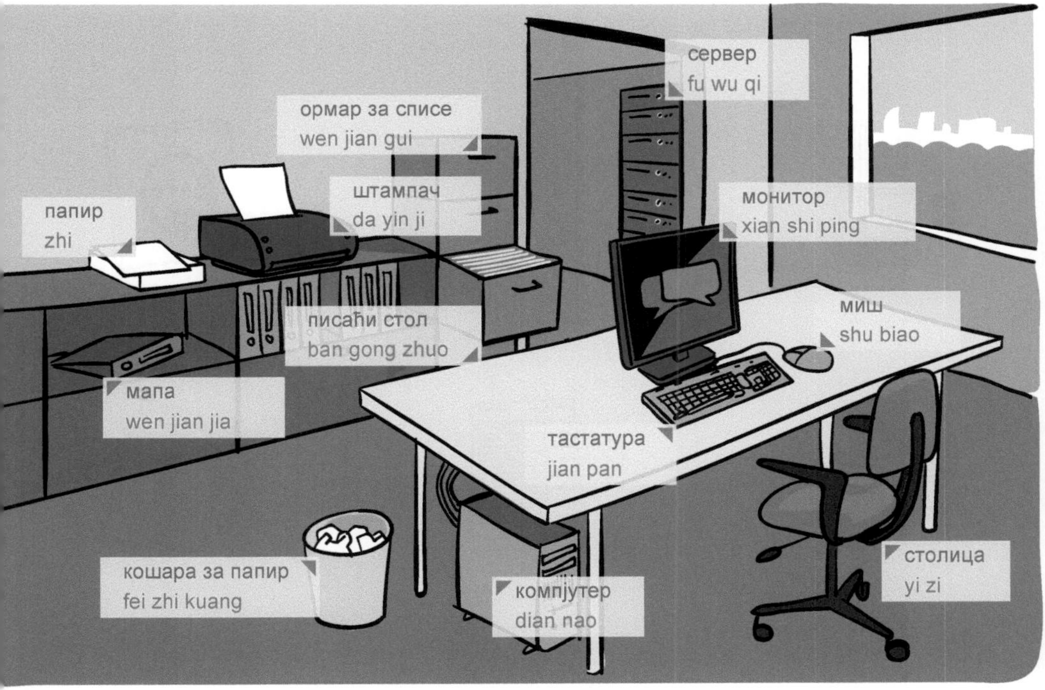

сервер
fu wu qi

ормар за списе
wen jian gui

штампач
da yin ji

монитор
xian shi ping

папир
zhi

писаћи сто
ban gong zhuo

миш
shu biao

мапа
wen jian jia

тастатура
jian pan

кошара за папир
fei zhi kuang

компјутер
dian nao

столица
yi zi

шалица за каву

ka fei bei

калкулатор

ji suan qi

интернет

yin te wang

лаптоп

bi ji ben dian nao

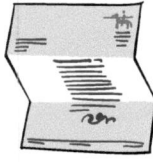

писмо

xin jian

порука

xiao xi

мобилни телефон

shou ji

мрежа

wang luo

уређај за копирање

fu yin ji

софтвер

ruan jian

телефон

dian hua

утичница

cha zuo

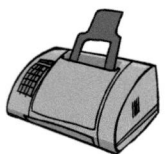

факс

chuan zhen ji

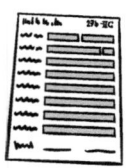

формулар

biao ge

документ

wen jian

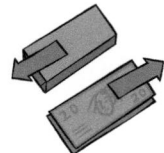

куповати

mai

платити

fu qian

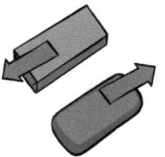

трговати

jiao yi

новац

xian jin

долар

mei yuan

евро

ou yuan

јен

ri yuan

рубља

lu bu

швајцарски франак

rui shi fa lang

ренминдби јуан

ren min bi

рупија

lu bi

аутомат за новац

ti kuan chu

мењачница

wai bi dui huan chu

злато

jin

сребро

yin

нафта

shi you

енергија

neng yuan

цена

jia ge

уговор

he tong

порез

shui jin

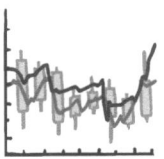

деонице

gu piao

радити

gong zuo

службеник

zhi yuan

послодавац

lao ban

фабрика

gong chang

продавница

shang dian

занимања
zhi ye

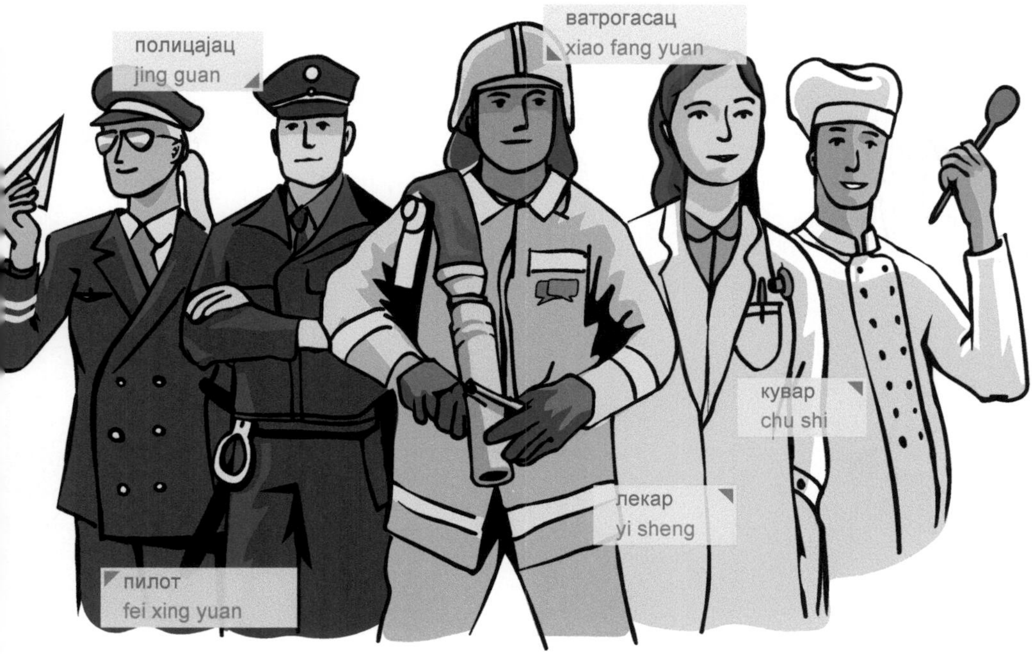
ватрогасац
xiao fang yuan
полицајац
jing guan
кувар
chu shi
лекар
yi sheng
пилот
fei xing yuan

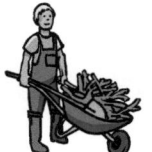

вртлар
yuan ding

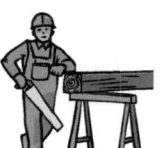

столар
mu jiang

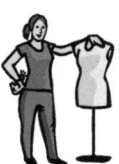

кројачица
cai feng

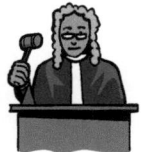

судија
fa guan

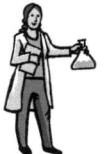

хемичар
hua xue jia

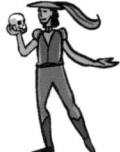

глумац
yan yuan

возач аутобуса

gong jiao che si ji

возач таксија

chu zu che si ji

рибар

yu fu

чистачица

qing jie nü gong

кровопокривач

wu ding gong

конобар

fu wu yuan

ловац

lie ren

сликар

hua jia

пекар

mian bao shi

електричар

dian gong

грађевински радник

jian zhu gong ren

инжењер

gong cheng shi

месар

tu fu

лимар

shui guan gong

поштар

you di yuan

занимања - zhi ye

војник

shi bing

архитекта

jian zhu shi

благајник

shou yin yuan

цвећар

hua nong

фризер

li fa shi

кондуктер

shou piao yuan

механичар

ji xie shi

капетан

chuan zhang

зубар

ya yi

научник

ke xue jia

раби

la bi

имам

yi ma mu

монах

he shang

свећеник

mu shi

занимања - zhi ye

алати
gong ju

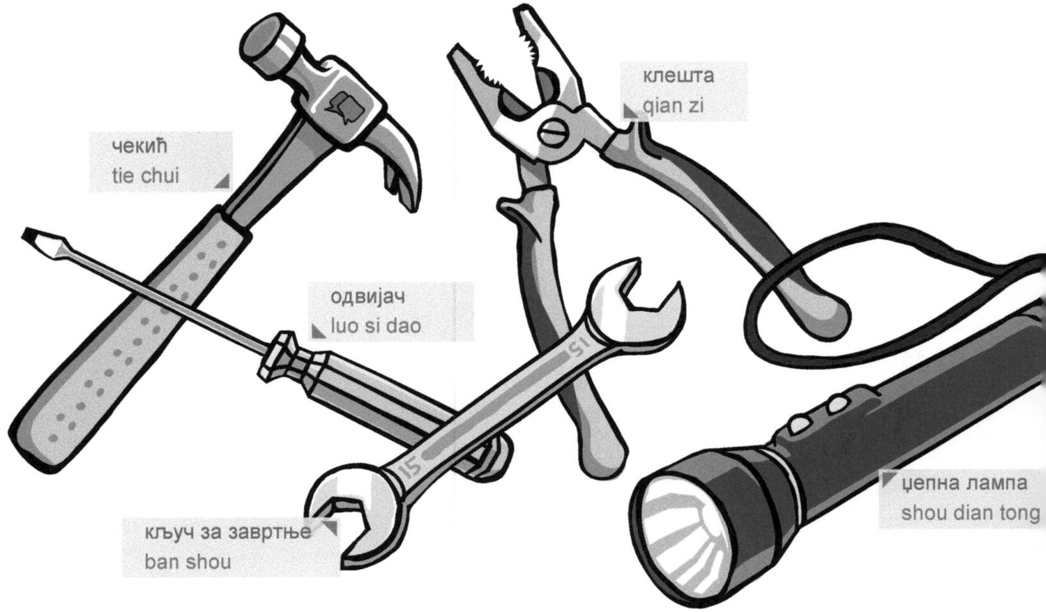

клешта
qian zi

чекић
tie chui

одвијач
luo si dao

кључ за завртње
ban shou

џепна лампа
shou dian tong

багер

wa jue ji

кутија за алат

gong ju xiang

мердевине

ti zi

пила

ju zi

ексер

ding zi

бушилица

zuan ji

поправити
....
xiu

лопата
....
chan zi

до ђавола!
....
kao!

лопатица
....
bo ji

лонац за боју
....
you qi tong

завртањи
....
luo si

музички инструмент
yue qi

звучник
yang sheng qi

бубњеви
da ji yue qi

гитара
ji ta

контрабас
di yin ti qin

труба
xiao hao

клавир

gang qin

виолина

xiao ti qin

бас

bei si

тимпани

ding yin gu

удараљке за бубњеве

gu

типке клавира

dian zi qin

саксофон

sa ke si guan

флаута

chang di

микрофон

mai ke feng

зоолошки врт

dong wu yuan

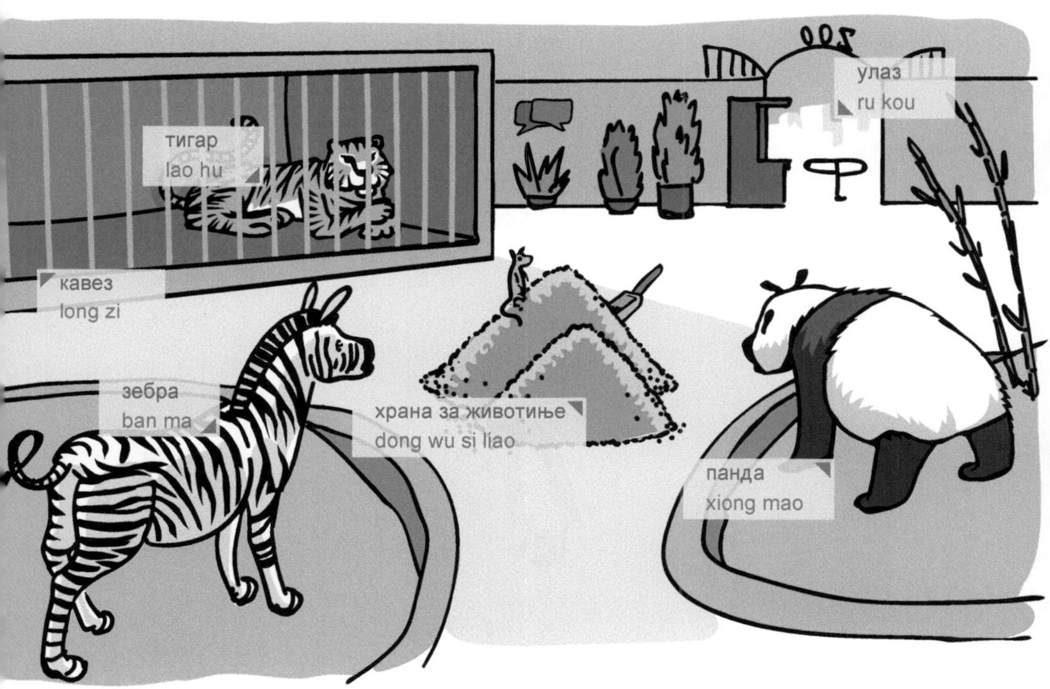

тигар
lao hu
улаз
ru kou
кавез
long zi
зебра
ban ma
храна за животиње
dong wu si liao
панда
xiong mao

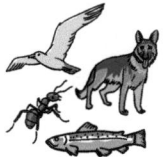

животиње

dong wu

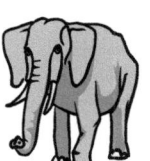

слон

da xiang

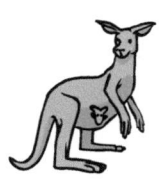

кенгур

dai shu

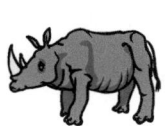

носорог

xi niu

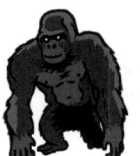

горила

da xing xing

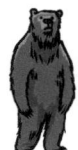

медвед

xiong

камила

luo tuo

нoj

tuo niao

лав

shi zi

мajмун

hou zi

фламинго

huo lie niao

папагаj

ying wu

поларни медвед

bei ji xiong

пингвин

qi e

аjкула

sha yu

паун

kong que

змиja

she

крокодил

e yu

чувар у зоолошком врту

dong wu yuan guan li yuan

туљан

hai bao

jaгуар

mei zhou bao

пони

ai zhong ma

леопард

bao

нилски коњ

he ma

жирафа

chang jing lu

орао

lao ying

дивља свиња

ye zhu

риба

yu

корњача

gui

морж

hai xiang

лисица

hu li

газела

ling yang

америчhelf ногомет
gan lan qiu

бициклизам
qi zi xing che

тенис
wang qiu

кошарка
lan qiu

пливање
you yong

бокс
quan ji

хокеј на леду
bing qiu

фудбал

ying shi zu qiu

бадминтон

yu mao qiu

атлетика

tian jing

рукомет

shou qiu

скијање

hua xue

поло

ma qiu

скочити
tiao

смејати се
xiao

загрлити
yong bao

ићи
zou lu

певати
chang

сањати
zuo meng

молити се
qi dao

пољубити
qin wen

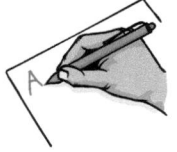

писати

shu xie

цртати

hua

показати

zhan shi

гурати

tui

дати

gei

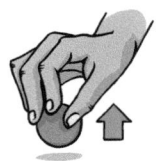

узети

na

имати

you

чинити

zuo

бити

dang

стојати

zhan

трчати

pao

повлачити

la

бацити

reng

падати

shuai dao

лежати

tang

чекати

deng dai

носити

xie dai

седити

zuo

облачити

chuan yi

спавати

shui jiao

пробудити се

xing lai

гледати

kan

плакати

ku

миловати

fu mo

чешљати

shu tou

говорити

jiao tan

разумети

ming bai

питати

wen

слушати

ting

пити

he

јести

chi

поспремити

qing li

волети

ai

кухати

zuo fan

возити

kai che

летети

fei

пловити
....
hang xing

рачунати
....
ji suan

читати
....
du

учити
....
xue xi

радити
....
gong zuo

венчати се
....
jie hun

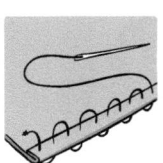

шити
....
feng

прати зубе
....
shua ya

убити
....
sha

пушити
....
chou yan

послати
....
ji

породица

jia

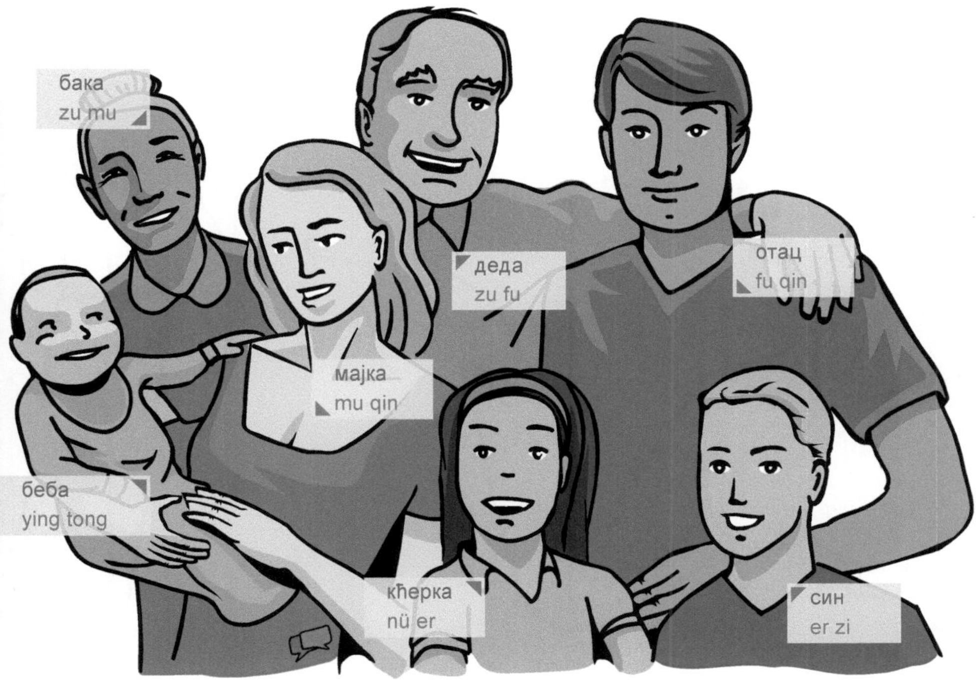

бака
zu mu
деда
zu fu
отац
fu qin
мајка
mu qin
беба
ying tong
кћерка
nü er
син
er zi

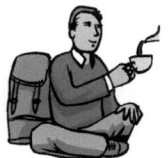

гост

ke ren

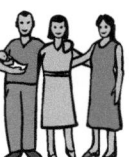

тетка

a yi

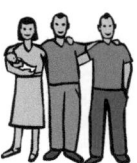

ујак, стриц

shu shu

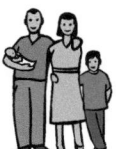

брат

xiong di

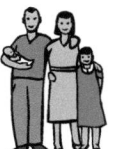

сестра

jie mei

тело

shen ti

чело
qian e
око
yan jing
лице
lian
брада
xia ba
груди
ru fang
прст
shou zhi
рука
shou
рука
shou bi
раме
jian bang
нога
tui

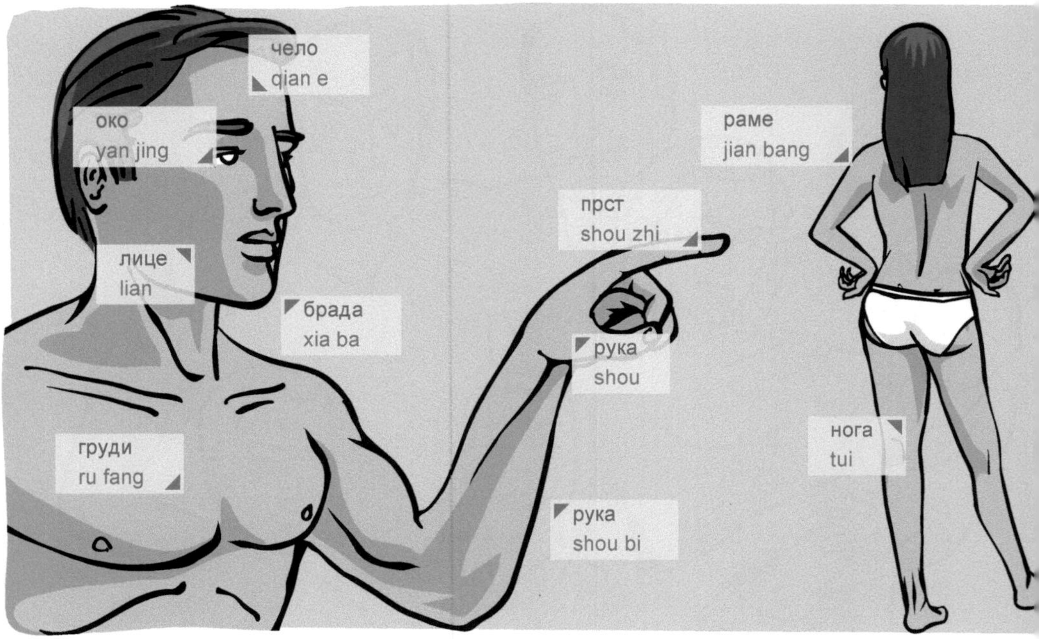

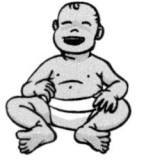

беба

ying tong

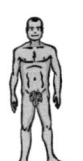

мушкарац

nan ren

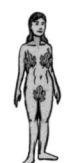

жена

nü ren

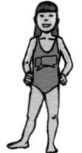

девојчица

nü hai

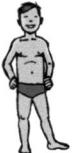

дечак

nan hai

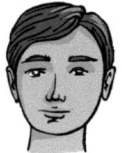

глава

tou

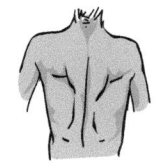

леђа

bei bu

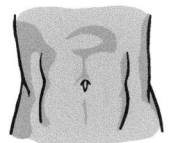

стомак

du zi

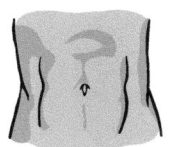

пупак

du qi

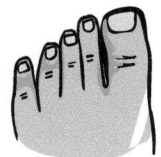

ножни прст

jiao zhi

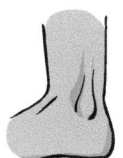

пета

jiao hou gen

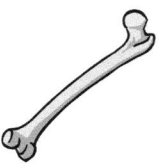

кост

gu tou

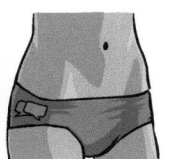

кукови

tun bu

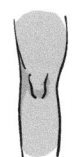

колено

xi gai

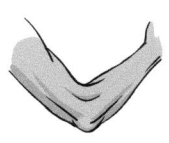

лакат

shou zhou

нос

bi zi

задњица

pi gu

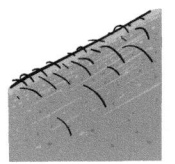

кожа

pi fu

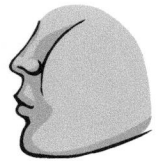

образ

lian jia

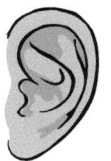

уво

er duo

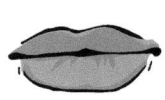

усна

zui chun

уста

zui

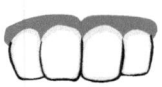

зуб

ya chi

језик

she tou

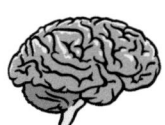

мозак

nao

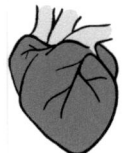

срце

xin zang

мишић

ji rou

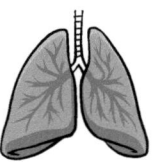

плућа

fei

јетра

gan zang

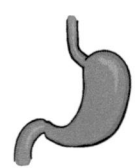

желудац

wei

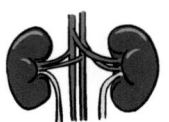

бубрези

shen zang

полни однос

xing jiao

кондом

bi yun tao

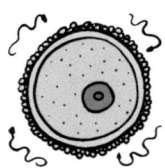

јајна ћелија

luan zi

сперма

jing zi

трудноћа

huai yun

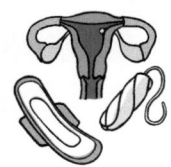

менструација

yue jing

вагина

yin dao

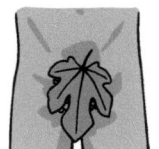

пенис

yin jing

обрва

mei mao

коса

tou fa

врат

bo zi

болница

yi yuan

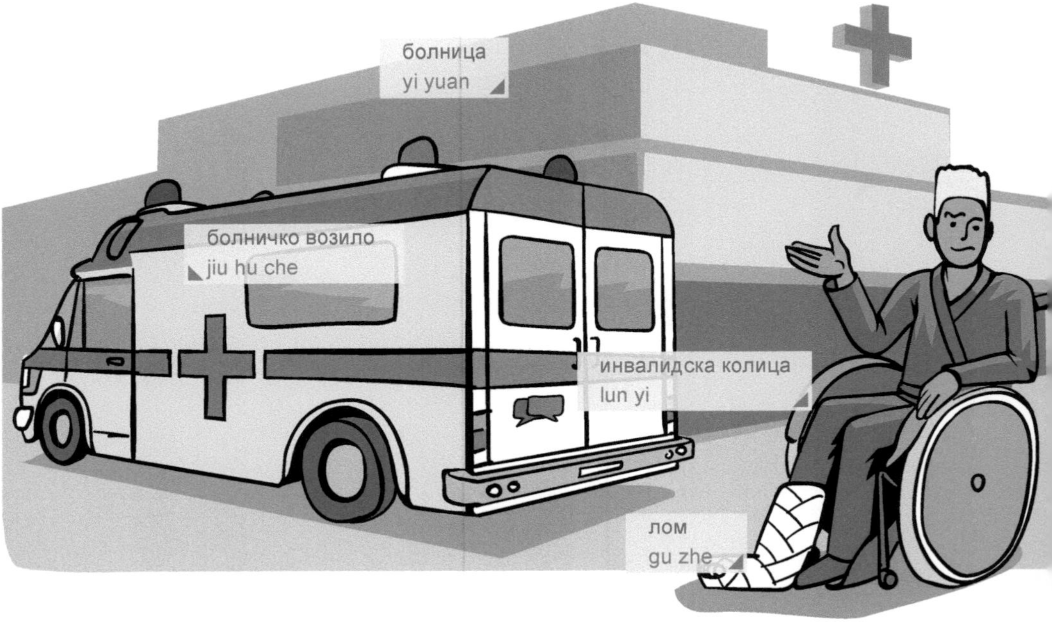

болница
yi yuan
болничко возило
jiu hu che
инвалидска колица
lun yi
лом
gu zhe

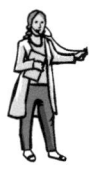

лекар

yi sheng

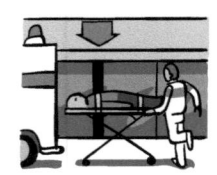

хитна медицинска служба

ji zhen shi

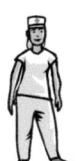

медицинска сестра

hu shi

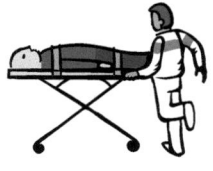

хитни случај

jin ji qing kuang

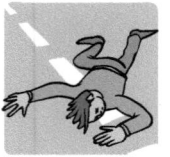

несвест

hun mi

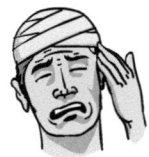

бол

tong

повреда

shou shang

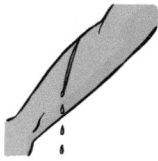

крварење

chu xue

срчани удар

xin zang bing fa zuo

удар

zhong feng

алергија

guo min

кашаљ

ke sou

грозница

fa shao

грипа

liu gan

пролив

fu xie

главобоља

tou tong

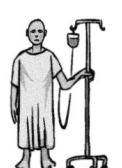

рак

ai zheng

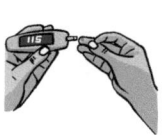

дијабетес

tang niao bing

хирург

wai ke yi sheng

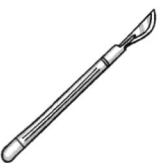

скалпел

shou shu dao

операција

shou shu

цт
....
CT

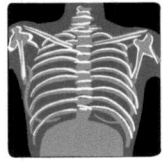

рентген
....
X guang

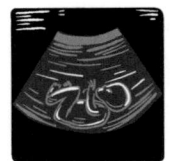

ултразвук
....
chao sheng bo

маска
....
kou zhao

болест
....
ji bing

чекаона
....
hou zhen shi

штака
....
guai zhang

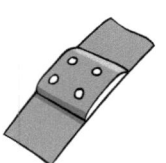

фластер
....
shi gao

завој
....
beng dai

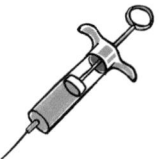

ињекција
....
zhu she

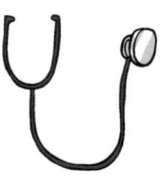

стетоскоп
....
ting zhen qi

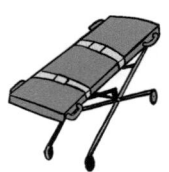

носила
....
dan jia

термометар
....
ti wen ji

рођење
....
chu sheng

прекомерна тежина
....
chao zhong

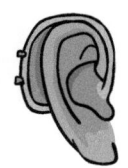

слушни апарат

zhu ting qi

средство за дезинфекцију

xiao du ye

инфекција

gan ran

вирус

bing du

хив / аидс

ai zi bing

медицина

yao wu

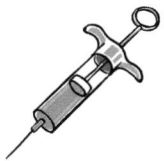

вакцинација

jie zhong yi miao

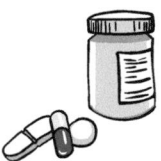

таблете

yao pian

пилула

yao wan

хитни позив

ji jiu dian hua

уређај за мерење притиска

xue ya ji

болесно / здраво

sheng bing/jian kang

помоћ!

jiu ming!

аларм

jing bao

насртај

tu ji

напад

gong ji

опасност

wei xian

излаз у случају нужде

jin ji chu kou

пожар!

zhao huo la!

противпожарни апарат

mie huo qi

незгода

yi wai

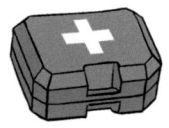

кутија прве помоћи

ji jiu xiang

сос

hu jiu xin hao

полиција

jing cha

Европа

ou zhou

Северна Америка

bei mei zhou

Јужна Америка

nan mei zhou

Африка

fei zhou

Азија

ya zhou

Аустралија

ao zhou

Атлантик

da xi yang

Пацифик

tai ping yang

Индијски океан

yin du yang

Антарктички океан

nan bing yang

Арктички океан

bei bing yang

Северни рол

bei ji

Јужни рол
nan ji

Антарктик
nan ji zhou

земља
di qiu

земља
lu di

море
hai

оток
dao

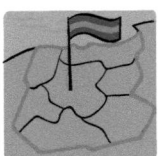

нација
guo jia

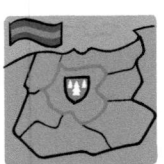

држава
guo jia

бројчаник сата

zhong mian

сатна казаљка

shi zhen

минутна казаљка

fen zhen

секундна казаљка

miao zhen

Колико је сати?

xian zai ji dian?

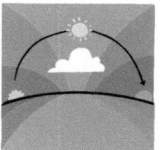

дан

tian

време

shi jian

сада

xian zai

дигитални сат

dian zi biao

минута

fen

час

shi

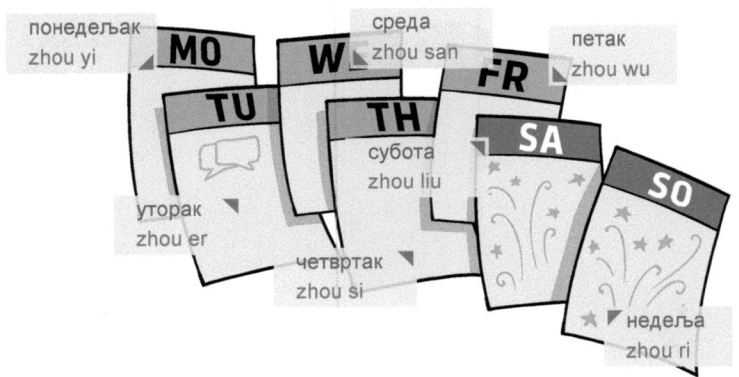

понедељак
zhou yi

среда
zhou san

петак
zhou wu

уторак
zhou er

четвртак
zhou si

субота
zhou liu

недеља
zhou ri

јуче

zuo tian

данас

jin tian

сутра

ming tian

јутро

zao chen

подне

zhong wu

вече

wan shang

радни дани

gong zuo ri

викенд

zhou mo

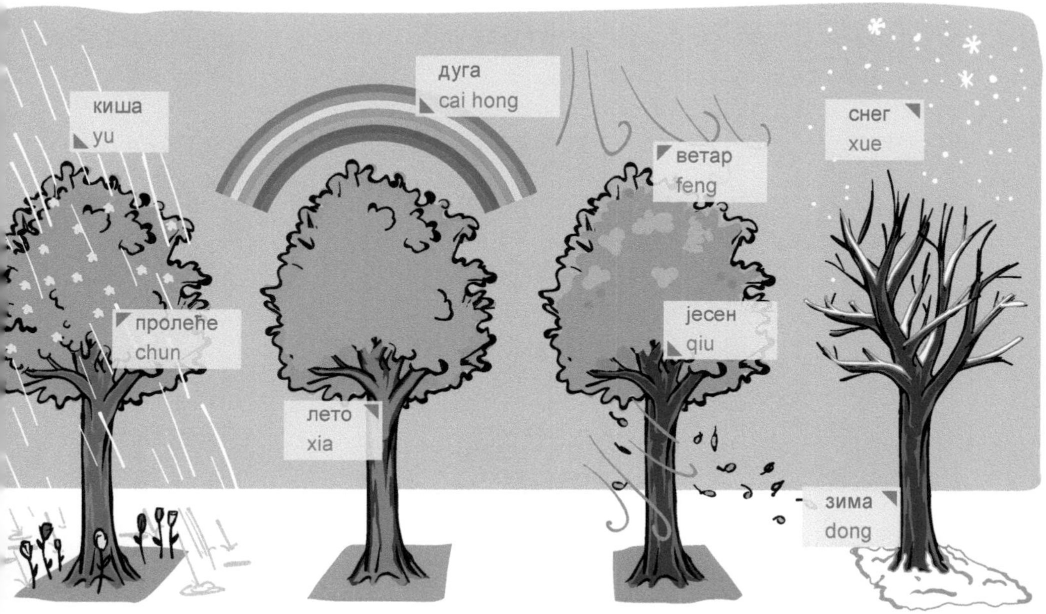

киша
yu

дуга
cai hong

ветар
feng

снег
xue

пролеће
chun

јесен
qiu

лето
xia

зима
dong

метеоролошка прогноза

tian qi yu bao

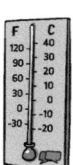

термометар

wen du ji

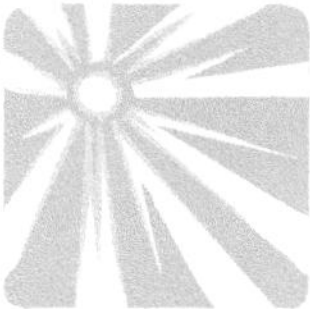

сунчана светлост

yang guang

облак

yun

магла

wu

влажност ваздуха

chao shi

муња

shan dian

грмљавина

da lei

олуја

feng bao

туча

bing bao

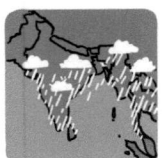

монсун

ji feng

поплава

hong shui

лед

bing

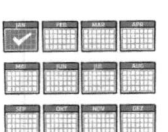

јануар

yi yue

фебруар

er yue

март

san yue

април

si yue

мај

wu yue

јуни

liu yue

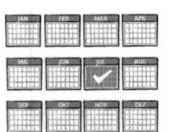

јули

qi yue

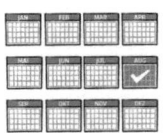

август

ba yue

година - nian

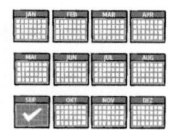

септембар
....
jiu yue

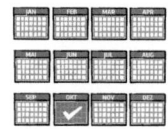

октобар
....
shi yue

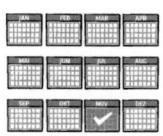

новембар
....
shi yi yue

децембар
....
shi er yue

облици
xing zhuang

круг
....
yuan xing

квадрат
....
zheng fang xing

правоугао
....
chang fang xing

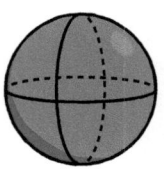

троугао
....
san jiao xing

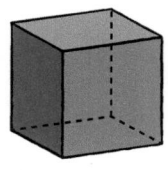

кугла
....
qiu ti

коцка
....
li fang ti

бела

bai

жута

huang

наранџаста

cheng

ружичаста

fen

црвена

hong

љубичаста

zi

плава

lan

зелена

lü

смеђа

zong

сива

hui

црна

hei

много / мало

hen duo/shao xu

љутито / мирно

sheng qi/ping jing

лепо / ружно

mei/chou

почетак / крај

shou/wei

велико / малено

da/xiao

светло / тамно

ming/an

брат / сестра

xiong di/jie mei

чисто / прљаво

gan jing/ang zang

потпуно / непотпуно

wan zheng/que shi

дан / ноћ

bai tian/wan shang

мртво / живо

si/sheng

широко / уско

kuan/zhai

јестиво / нејестиво

ke shi yong/fei shi yong

зло / добро

xie e/shan liang

узбуђено / досадно

xing fen/wu liao

дебело / мршаво

pang/shou

на почетку / на крају

di yi/zui hou

пријатељ / непријатељ

peng you/di ren

пуно / празно

man/kong

тврдо / мекано

ying/ruan

тешко / лагано

zhong/qing

глад / жеђ

e/ke

болесно / здраво

sheng bing/jian kang

илегално / легално

fei fa/he fa

паметно / глупо

cong ming/yu ben

лево / десно

zuo/you

близу / далеко

jin/yuan

ново / половно

xin/jiu

ништа / нешто

mei you/you xie

старо / младо

lao/you

укључено / искључено

kai/guan

отворено / затворено

da kai/he shang

тихо / гласно

an jing/chao nao

богато / сиромашно

fu/qiong

тачно / погрешно

dui/cuo

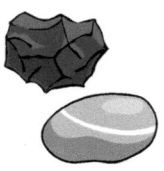

храпаво / глатко

cu cao/guang hua

тужно / сретно

shang xin/gao xing

кратко / дуго

duan/chang

полако / брзо

man/kuai

мокро / сухо

shi/gan

топло / хладно

wen nuan/liang shuang

рат / мир

zhan zheng/he ping

супротности - fan yi ci

0	**1**	**2**
нула	један	два
ling	yi	er

3	**4**	**5**
три	четири	пет
san	si	wu

6	**7**	**8**
шест	седам	осам
liu	qi	ba

9	**10**	**11**
девет	десет	једанаест
jiu	shi	shi yi

12
дванаест

shi er

13
тринаест

shi san

14
четрнаест

shi si

15
петнаест

shi wu

16
шестнаест

shi liu

17
седамнаест

shi qi

18
осамнаест

shi ba

19
деветнаест

shi jiu

20
двадесет

er shi

100
стотину

bai

1.000
хиљаду

qian

1.000.000
милион

bai wan

енглески

ying yu

амерички енглески

mei shi ying yu

мандарински кинески

pu tong hua

хиндски

yin di yu

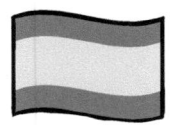

шпански

xi ban ya yu

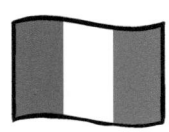

француски

fa yu

арапски

a la bo yu

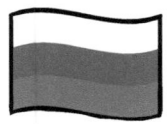

руски

e yu

португалски

pu tao ya yu

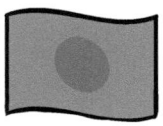

бенгалски

feng jia la yu

немачки

de yu

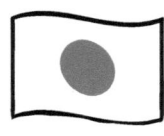

јапански

ri yu

ja
....
wo

ти
....
ni

он / она / оно
....
ta/ta/ta

ми
....
wo men

ви
....
ni men

они
....
ta men

Ко?
....
shei?

Шта?
....
shen me?

Како?
....
zen yang?

Где?
....
na li?

Када?
....
shen me shi hou?

име
....
ming zi

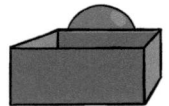

иза

hou mian

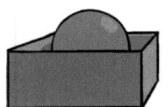

у

li mian

испред

qian mian

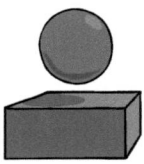

преко

shang fang

на

shang mian

испод

xia mian

поред

pang bian

између

zhong jian

место

di dian